Lb 54 1642

HISTOIRE

DE

LOUIS NAPOLÉON,

RACONTÉE

PAR UN SOLDAT.

La voix du peuple est
la voix de Dieu.

DIJON,
IMPRIMERIE DE FRANTIN.

1848.

HISTOIRE

DE

LOUIS-NAPOLÉON BONAPARTE.

(L'auberge d'un village.)

André, *soldat en congé, lisant.* —Louis-Napoléon Bonaparte est né à Paris, au château des Tuileries, le 20 avril 1808. Il est fils du roi de Hollande, Louis Bonaparte, frère de l'empereur, et de la reine Hortense, fille de l'impératrice Joséphine. Il est donc neveu de l'empereur et en quelque sorte son petit-fils par sa femme. Ce n'est pas tout, le grand Napoléon l'a déclaré son héritier en faisant insérer dans les constitutions de l'Empire, qu'à défaut d'enfant mâle de lui, ce seraient les fils de son frère Louis qui seraient appelés à lui succéder.

Un Invalide. — Comment! c'est l'héritier direct et légitime du petit-caporal? et il y en a qui osent dire qu'il n'a pas le droit de se proposer comme président? et ils viennent nous parler d'un Ledru-Rollin, d'un Cavaignac, que sais-je moi! Est-ce qu'ils se f...... de nous?...

André, *continuant.* — Encore bien jeune, Louis-Napoléon rêvait la liberté de l'Italie, cette sœur de la France, et en 1831 il souleva la Romagne contre l'Autriche. Il perdit son frère dans ces malheureux événements; et lorsque l'Italie fut de nouveau envahie par les Autrichiens, il vint incognito à Paris, où il fit demander à Louis-Philippe de servir comme simple soldat dans les rangs de l'armée française.

L'Invalide. — Simple soldat!!! Ha! le brave cœur!!!

André. — Cette grâce lui fut refusée ; exilé de France, chassé d'Italie, Louis-Napoléon, retiré en Suisse, se consolait en se livrant à l'étude. En 1832, il fit paraître une petite brochure qu'il envoya à M. de Châteaubriand, lequel lui répondit par une lettre toute flatteuse, où l'on remarque le passage suivant :

« Si Dieu, dans ses impénétrables desseins, avait rejeté la race de saint Louis ; si notre patrie devait revenir sur une élection qu'elle n'a pas sanctionnée, alors, prince, il n'y a pas de nom qui aille mieux à la gloire de la France que le vôtre, etc. »

Le Maître d'école. — Tiens! il paraît que Châteaubriand, tout ennemi qu'il était de Napoléon, n'était pas de l'avis de nos esprits forts d'à-présent, qui veulent le faire passer pour un imbécile ! son jugement en vaut bien un autre.

André. — En 1832, le canton de Thurgovie conféra à Louis-Napoléon le droit de bourgeoisie honoraire. Le brave des braves, le maréchal Ney, avait reçu la même distinction de la même ville. Louis-Napoléon accepta avec reconnaissance ce témoignage d'estime, semblable en cela à Lafayette, qui accepta comme un titre d'honneur, comme une digne récompense des services qu'il avait rendus aux Américains, les droits de citoyen des Etats-Unis.

Un Ouvrier. — Et c'est d'après cela qu'ils disent qu'il est Suisse ; les farceurs !

André. — En 1832, Louis-Napoléon fit paraître un second ouvrage intitulé : *Considérations politiques et militaires de la Suisse*, et en 1834 parut sous son nom un *Manuel d'artillerie*, sur lequel s'exprimait ainsi le journal le *National*, qui n'avait pas alors à faire valoir un prétendant à la présidence aux dépens d'un concurrent trop redoutable :

« Les plus fortes têtes de l'artillerie française ont mis sept ans pour mettre fin à l'*Aide-Mémoire* en usage dans cette arme, tandis qu'un simple capitaine d'artillerie au service de Suisse, a conçu, rédigé et publié, en moins de deux ans, un manuel qui ne le cède en rien à l'*Aide-Mémoire* officiel de France, et ce capitaine était bien loin d'avoir à sa disposition toutes les ressources que possède notre comité suprême. »

André *s'interrompant*. — Savez-vous tout de même que, pour avoir fait cela, il faut que ce soit une tête joliment organisée?

Il continue. — La publication de ce *Manuel* eut un grand retentissement en Suisse, et le gouvernement de Berne, pour témoigner à l'auteur sa satisfaction, le nomma capitaine dans son régiment d'artillerie. Il ne faut pas oublier qu'en Suisse il n'y a point d'armée permanente, et que ce brevet de capitaine ne faisait que donner à Louis-Napoléon la facilité de continuer ses études militaires à l'école d'application de Thun.

En 1835, dona Maria, reine de Portugal, ayant perdu son mari, quelques personnes jetèrent les yeux sur le prince Louis pour le remplacer. Il refusa par une lettre pleine de convenance, qui se termine par ces mots :

« Persuadé que le grand nom que je porte ne sera pas toujours un titre d'exclusion aux yeux de mes compatriotes, puisqu'il leur rappelle quinze années de gloire, j'attends, avec calme, dans un pays hospitalier et libre, que le peuple rappelle dans son sein ceux qu'exilèrent en 1815 douze cent mille étrangers. Cet espoir de servir un jour la France, comme citoyen et comme soldat, fortifie mon âme, et vaut à mes yeux tous les trônes du monde. »

Un paysan. — Voilà un homme qui aime son pays! et qu'on dise que ce n'est pas là celui qu'il nous faut!

ANDRÉ. — En 1836, M. Armand Carrel, alors rédacteur en chef du *National,* s'exprimait ainsi en parlant de Louis-Napoléon : « Les ouvrages politiques et militaires de Louis Bonaparte annoncent une forte tête et un noble caractère. Le nom qu'il porte est le plus grand des temps modernes ; c'est le seul qui puisse exciter fortement les sympathies du peuple français. Si ce jeune homme sait comprendre les intérêts de la France, oublier ses droits de légitimité impériale pour ne se rappeler que la souveraineté du peuple, il peut être appelé à jouer un grand rôle. »

Un ouvrier. — Quand on songe que ce sont les mêmes hommes qui le vantaient ainsi, qui maintenant le dénigrent, parce qu'ils craignent pour la candidature de leur mannequin de Cavaignac, cela fait pitié.

ANDRÉ.—Le 30 octobre 1836 eut lieu l'insurrection de Strasbourg. Une tentative de ce genre ne s'excuse aux yeux de certaines gens que par la réussite ; que n'a-t-on pas dit lorsque l'Empereur, venant de l'Ile d'Elbe, descendit à Fréjus? que n'eût-on pas dit, si la France se levant comme un seul homme, ne fût venue tout entière à sa rencontre? Si l'on veut connaître quels sentiments animaient Louis-Napoléon lorsqu'il vint à Strasbourg, lisons ses proclamations.

AU PEUPLE !

Un congrès national, élu par tous les citoyens, peut seul avoir le droit de choisir ce qui convient le mieux à la France. . . . .

AUX HABITANTS DE STRASBOURG !

Mon nom est un drapeau qui doit vous rappeler de grands souvenirs, et ce drapeau, vous le savez, inflexible devant les partis et l'étranger, ne s'incline que devant la majesté du peuple. . . . .

L'Invalide. — Morbleu ! cela me rappelle les bulletins de la grande armée, il me semble encore y être ! ! !

ANDRÉ *lisant*. — Arrêté au moment où il devait se croire maître de Strasbourg, une des clefs de la France, du fond de sa prison, Louis-Napoléon écrivit au roi :

« Sire, j'ai conspiré contre vous ; mais tous ceux qui se sont levés à ma voix ne sont que des gens égarés, je suis seul coupable, etc. »

Louis-Philippe ne répondit à cet acte de franchise et de courage qu'en faisant enlever Louis-Napoléon de sa prison, et en ordonnant qu'il fût transporté en Amérique.

Rappelé en Europe par la maladie de sa

mère, Louis-Napoléon n'arriva à Aremberg que pour recevoir son dernier soupir.

Devenu par là propriétaire en Suisse, il pensa s'y établir; mais la politique ombrageuse de Louis-Philippe ne le souffrit point : une armée menaçante fut rassemblée sur les frontières, et Louis-Napoléon, pour éloigner un ennemi dangereux d'un pays où il avait trouvé un si généreux asile, se retira en Angleterre.

Le maître d'école. — Il paraît que les ministres de ce temps-là ne le prenaient point pour un homme nul et incapable?

André *continuant*. — Il y resta jusqu'en 1840, livré à l'étude et composant divers ouvrages sur l'économie politique. Ici se place l'entreprise de Boulogne, dont tout le monde connaît la malheureuse issue. Trahi avant d'avoir mis le pied sur le sol de la France, à peine débarqué, il fut saisi, traduit devant la Cour des Pairs, et condamné le 6 octobre

1840 à un emprisonnement perpétuel. Du moins, s'écria-t-il, en apprenant la sentence, j'aurai le bonheur de mourir en France.

Un jeune homme. — Ne vous mouchez donc pas si fort, l'ancien ; on dirait que vous pleurez.

L'invalide. — Tais-toi, blanc-bec, tu ne comprends rien à ça, toi.

André. — Voulez-vous avoir l'explication de l'affaire de Strasbourg, de celle de Boulogne, et en même temps connaître les sentimens du digne neveu de Napoléon enfermé au fort de Ham? Voici la lettre qu'il écrivait au rédacteur du journal du Loiret, le 21 octobre 1843 :

« Jamais je n'ai cru, et jamais je ne croirai que la France soit l'apanage d'un homme ou d'une famille; jamais je n'ai invoqué d'autres droits que ceux de citoyen français, et jamais je n'aurai d'autre désir que de voir le peuple entier légalement convoqué, choisir librement la forme de gouvernement qui lui conviendra. Issu d'une famille qui a dû son élévation au suffrage de la nation, je mentirais à mon origine, à ma nature, et qui plus est, au sens commun, si je n'admettais pas la souveraineté du peuple comme base fondamentale de toute organisation politique. Mes actions et mes paroles antérieures sont d'accord avec cette opinion. Si l'on ne m'a pas compris, c'est que l'on n'explique pas les défaites, on les condamne. »

Le Maître d'école. — Cela est vrai; à Strasbourg comme à Boulogne, comme toujours, il en a appelé au peuple seul, au peuple calme et libre, et tout dernièrement encore, il a quitté la France, donné sa démission de représentant, jusqu'à ce qu'enfin la volonté de la nation se fût manifestée, en le nommant à la fois dans cinq départements.

André. — Pendant sa captivité, Louis-Napoléon ne s'occupait que d'ouvrages sérieux. Il publia entre autres une analyse sur la question des sucres, si importante pour le commerce et pour la marine de la France; un projet de loi sur le recrutement militaire, et enfin une brochure sur l'extinction du paupérisme.

Un ouvrier. — Quant à ce dernier ouvrage, je l'ai lu, et je puis bien vous assurer, que si les ouvriers le connaissaient comme moi, il n'y aurait pas un travailleur honnête qui ne votât pour Napoléon. C'est là où l'on voit comme il aime le peuple et combien il voudrait pouvoir le rendre heureux; au reste il a déjà fait ses preuves; il faut entendre les habitants du canton de Thurgovie parler de lui! Ce sont pourtant là de vrais républicains, j'espère.

André. — C'est ainsi que Louis-Napoléon employait les longues heures de la captivité, ne s'occupant que du bonheur de la patrie et du soulagement des classes souffrantes. Six années s'écoulèrent ainsi lorsque le 25 mai 1846, il parvint à s'évader du château de Ham où il était détenu. L'Angleterre fut encore son unique abri contre les intrigues et la diplomatie de Louis-Philippe.

Louis-Napoléon était à Londres lorsqu'il apprit les événements du 24 février. Les portes de la France allaient enfin s'ouvrir pour la famille de l'Empereur, exilée depuis si longtemps. Empressé de revoir sa patrie, le 26, il était à Paris, faisant acte de bon citoyen en venant des premiers saluer et reconnaître le gouvernement provisoire. Mais tous les pouvoirs qui ne sont pas nés de la souveraineté du peuple sont despotes et jaloux. On fit entendre à Louis-Napoléon que sa présence pouvait servir de prétexte aux ennemis du nouvel ordre de choses, nuire au repos et à la tranquillité de son pays. Cet appel à son patriotisme ne pouvait le trouver sourd ; il baissa la tête en soupirant et reprit le chemin d'exil.

L'heure où il devait trouver la récompense de tous ses dévouements allait enfin sonner. Il fut nommé représentant par la Seine, l'Yonne, la Charente-Inférieure et la Corse ; un instant on crut que l'assemblée refuserait de l'admettre. Paris fut dans la plus vive agitation. L'assemblée l'admit cependant. La France touchait alors aux événements qui ensanglantèrent la capitale. Le nom de Louis-Napoléon pouvait servir de drapeau à ceux qui préparaient cette horrible guerre civile. Il le sentit, et toujours prêt à se dévouer pour le salut de son pays, il crut devoir donner sa démission de représentant et rester en exil. A cette occasion il écrivit au Président de l'Assemblée nationale :

. . . .

« Sans renoncer à l'honneur d'être un jour représentant du peuple, je crois devoir attendre pour rentrer dans le sein de ma patrie, que ma présence en France ne puisse d'aucune manière servir de prétexte aux ennemis de la République. Je veux que mon désintéressement prouve la sincérité de mon patriotisme ; je veux que ceux qui m'accusent d'ambition, soient convaincus d'erreur. »

Une voix. — Et Strasbourg et Boulogne?.

Le maître d'école. — N'étaient que des appels au peuple. Ne l'avez-vous pas lu dans ses proclamations ? Et s'il était un ambitieux comme on voudrait vous le faire croire, serait-il arrivé seul en France ! N'est-il pas clair que si quelques amis véritables l'accompagnaient, d'autres amis perfides l'avaient appelé.

André. — Enfin, en septembre cinq départements le nommèrent de nouveau à une immense majorité pour les représenter. Cette fois, il pouvait sans danger pour la France, céder au vœu populaire. Il accepta donc, et opta pour le département de la Seine qui l'avait vu naître. Il vint siéger à l'Assemblée nationale, et à son entrée il prononça le discours suivant :

Séance du 26 septembre 1848.

Citoyens Représentants !

« Il n'est pas permis de garder le silence après les calomnies dont j'ai été l'objet.

« J'ai besoin d'exposer ici hautement et dès le premier jour où il m'est permis de siéger parmi vous, les sentiments qui m'animent. Après 34 années de proscription et d'exil, je retrouve enfin ma patrie et tous mes droits de citoyen.

« La République m'a fait ce bonheur. Que la République reçoive mon serment de reconnaissance et de dévouement, et que les généreux patriotes qui m'ont porté dans cette enceinte, soient certains que je m'efforcerai de justifier leurs suffrages en travaillant avec vous au maintien de la tranquillité, le premier besoin du pays, et au développement des institutions démocratiques que le peuple a droit de réclamer.

« Longtemps je n'ai pu consacrer à la France que la méditation de l'exil et de la captivité. Aujourd'hui la carrière où vous marchez m'est ouverte. Recevez-moi dans vos rangs, mes chers collègues, avec le même sentiment d'affectueuse confiance que j'y apporte. Ma conduite, toujours inspirée par le devoir, toujours animée par le respect de la loi, prouvera à l'encontre des passions qui ont essayé de me noircir pour me proscrire encore, que nul ici plus que moi n'est résolu à se dévouer à la défense de l'ordre, à l'affermissement de la République. »

Depuis il vota toujours avec les amis de l'ordre, de la famille et de la propriété. Enfin vint la question de la présidence. Interpellé sur la question de savoir s'il se présentait comme candidat, Louis-Napoléon répondit :

. . . .

« Je déplore profondément d'être obligé de parler de moi, car il me répugne de voir sans cesse porter devant l'Assemblée des questions personnelles, alors que nous n'avons pas un moment à perdre pour nous occuper des graves intérêts de la patrie. Je ne parlerai ni de mes sentiments, ni de mes opinions : je les ai déjà manifestés devant vous, et jamais personne n'a pu encore douter de ma parole.

. . . .

» De quoi m'accuse-t-ton ? D'accepter des sentiments populaires une candidature que je n'ai pas réclamée ? Eh bien ! oui, je l'accepte cette candidature qui m'honore, et je l'accepte parce que trois élections successives et le décret unanime de l'Assemblée nationale contre la proscription de ma famille m'autorisent à croire que la France regarde le nom que je porte comme pouvant servir à la consolidation de la société ébranlée jusque dans ses fondements, à l'affermissement et à la prospérité de la République. Que ceux qui m'accusent d'ambition connaissent peu mon cœur ! Si un devoir impérieux ne me retenait ici, si la sympathie de mes concitoyens ne me consolait pas de l'animosité de quelques attaques, et de l'impétuosité même de quelques défenses, il y a longtemps que j'aurais regretté l'exil.

» On me reproche mon silence : il n'est

donné qu'à peu de personnes d'apporter ici une parole éloquente au service d'idées justes et saines. N'y a-t-il donc qu'un seul moyen de servir son pays ? Ce qu'il lui faut, c'est un gouvernement ferme, intelligent et sage, qui pense plus à guérir les maux de la patrie qu'à les venger.

Un ouvrier. — Voilà ce qui s'appelle parler !!

André *continuant*. — « Un gouvernement qui se mette franchement à la tête des idées vraies pour repousser ainsi mille fois mieux que par les bayonnettes, les théories qui ne sont pas fondées sur l'expérience et la raison.

Le Maître d'école. — Il paraît qu'il n'est pas pour les états de siége, lui.

André. — « Je sais qu'on veut semer mon chemin d'écueils et d'embûches, je n'y tomberai point ; je suivrai toujours, comme je l'entends, la ligne que je me suis tracée, sans m'inquiéter, sans m'arrêter.

L'Invalide. — Et il arrivera que je dis, ou nos enfants ne sont que des mioches qui se laissent mener comme des conscrits.

André. — « Rien ne m'ôtera mon calme, rien ne me fera oublier mon devoir ; je n'ai qu'un but, c'est de mériter l'estime de l'Assemblée, et avec cette estime, celle de tous les gens de bien, et la confiance de ce peuple magnanime qu'on traite si légèrement.

Le Maître d'école.—Estime qu'on cherche à lui faire perdre maintenant, mais ce sera difficile. Le peuple n'a pas fait la République pour se laisser égarer par ceux qui sont au pouvoir, et imposer un maître; il a le droit de choisir, et il choisira!!

— Eh bien ! tu n'as plus rien à nous lire?

André. — Si fait, j'ai encore par ici une lettre signée de quatre ouvriers, laquelle est un peu chouette.

Au Rédacteur de la *Presse* !

Dans ces jours de lutte, de douleur, de misère, à l'instant solennel qui précède la nomination du Président de la République, nous voici quatre hommes de cœur, quatre hommes du peuple, qui venons vous offrir, Monsieur, au nom de nos compagnons et de nos amis, le plus loyal concours pour soutenir la candidature de M. Louis-Napoléon Bonaparte.

Nous venons faire un cordial appel à tout ce qui souffre et qui espère ; à tout ce qui tombe, à tout ce qui se souvient, à toutes ces nobles consciences, à tous les cœurs pleins de patriotisme, à tout ce qui est brave, généreux et fier, à tout ce qui aime le pays plus qu'un parti, la France plus qu'une couleur, pour nous aider dans cette tâche sérieuse qui doit ouvrir l'avenir de la République.

. . . .

Nous voterons pour Louis-Napoléon, parce que nous avons demandé ce qu'il avait fait pour être le but de toutes les haines, et qu'on ne nous a répondu que par de vagues paroles; parce que nous l'avons vu insulté par une classe irritée, insulté surtout par les tristes amis du peuple, par les philosophes de cabaret, par les écrivains de carrefours, par les cravates rouges de 1848, par tout ce qui a le cœur plein de haine et d'envie; parce que nous l'avons vu accusé, sans jamais entendre une accusation vraie, nette et ferme.

Nous voterons pour Louis-Napoléon, parce

qu'il n'a pas de crimes dans sa vie; parce qu'il n'a pas d'hypocrisie, surtout; parce qu'il n'a pas, ardent républicain, servi la royauté lorsque la royauté existait, comme l'a fait Cavaignac; parce qu'il a toujours pieusement aimé la patrie, et qu'on ne peut rien lui reprocher que d'être neveu de l'empereur, de porter son nom, et d'avoir conspiré contre le roi Louis-Philippe. Jamais la naissance de Louis Bonaparte ne sera une faute à nos yeux. Sa parenté avec l'Empereur est son premier titre à notre douce amitié et à l'espérance que nous mettons en lui. Il en est de même de son nom. Ce nom sera toujours le plus aimé, le plus connu, le plus respecté du peuple. Nom universel, vénéré de tous les peuples et que les injures françaises seules devaient atteindre.

Nous n'avons pas à défendre Louis-Napoléon Bonaparte d'avoir conspiré contre le roi Louis-Philippe, dont nous ne parlerons jamais qu'avec le respect dû *aux majestés tombées;* mais nous trouvons iniques, illogiques et maladroits les reproches et les insinuations des conspirateurs de juin 1832, d'avril 1834, de mai 1840, de février 1848, insinuations et reproches dirigés contre le conspirateur de Strasbourg et de Boulogne ; et certes, si selon nous quelqu'un est reprochable, de celui qui sapait l'état dans la nuit brumeuse des conjurations, ou de celui qui attaquait de front en plein soleil un pouvoir armé des lois les plus sévères, ce ne sera jamais le dernier.

Nous voterons pour Louis-Napoléon, parce que nous le croyons grand et digne ; parce que nous le savons bon, patient et simple ; parce que nous avons lu son *beau livre de l'extinction du paupérisme,* livre daté du fort de Ham, labeur du noble prisonnier, suite des grandes idées de l'empereur dont la plus belle, la plus constante et la plus sainte fut la destruction de la pauvreté.

Nous voterons pour Louis-Napoléon, parce

que nous aimons plus Austerlitz que la guerre civile.

Nous voterons pour Louis-Napoléon, parce qu'il est non-seulement un homme, mais encore un principe, et que ce principe est pour la France la gloire dans le passé, la concorde pour les jours qui viennent.

Nous voterons pour Louis-Napoléon, parce que nous appartenons à la génération qui naît, et que tout ce qui est jeune doit aimer ce qui est franc.

Nous voterons pour lui avec l'ardeur de toutes nos premières convictions, avec tout ce que Dieu nous a donné d'intelligence et de dévouement, avec la main, avec le cœur.

Nous voterons pour lui la pensée pleine de cette France formidable, qu'avait rêvée son oncle, et si son nom sort de l'urne, nous sentirons en nous la joie la plus patriotique et la plus haute; nous serons prêts à donner notre vie pour Louis-Bonaparte, certains d'avance que cette vie servira à la grandeur du pays, et non à l'ambition d'un parti, ou aux projets insensés d'un charlatan drapé dans la robe de Jésus-Christ.

Oui, nous faisons un doux et grave appel à tous; à vous qui lisez, à vous qui pensez, à vous qui pleurez, à vous qui travaillez, enfants de la même famille, soldats de la même nation. Oui, nous vous faisons un doux et fraternel appel, afin que, serrés autour du même drapeau, debout devant l'Europe déchirée, nous puissions sauver notre France, qui, pauvre, saignante, blessée au flanc, et courbée sous la haine, descend lentement dans la tombe.

Pierre Cauwet,
Auguste Mettra,
Théophile Défourneaux,
Charles Sauty.

Novembre 1848.

André. — Un instant, vous autres, on ne se sépare pas comme cela. Souvenez-vous que l'on cherchera à vous tromper ; que pour être bon, il faut que votre bulletin soit sur papier *blanc* ; qu'il ne faut joindre au nom de votre candidat aucun titre, aucune qualification, et qu'enfin, il y a trois Bonaparte à l'Assemblée nationale, et que celui que nous voulons nommer est

LOUIS-NAPOLÉON BONAPARTE.

PRÉSIDENT DE LA RÉPUBLIQUE.

LOUIS-NAPOLÉON BONAPARTE.

www.ingramcontent.com/pod-product-compliance
Lightning Source LLC
Chambersburg PA
CBHW060528050426
42451CB00011B/1715